Impressum
Verlag: BABADADA GmbH, Nedderfeld 112 , 22529 Hamburg
Geschäftsführer / Verlagsleitung: Harald Hof
Druck: Books on Demand GmbH, In de Tarpen 42, 22848 Norderstedt

Imprint
Publisher: BABADADA GmbH, Nedderfeld 112 , 22529 Hamburg, Germany
Managing Director / Publishing direction: Harald Hof
Print: Books on Demand GmbH, In de Tarpen 42, 22848 Norderstedt

除
d1v1d3

186/2

黑板
b04rd

教室
cl455r00m

老師
734ch3r

紙
p4p3r

書寫
wr173

筆
p3n

辦公桌
d35k

直尺
rul3r

書
b00k

書包
547ch3l

鉛筆盒
p3nc1l c453

鉛筆
p3nc1l

削鉛筆機
p3nc1l 5h4rp3n3r

橡皮擦
rubb3r

畫板
dr4w1n6 p4d

圖畫

dr4w1n6

畫筆

p41n7bru5h

顏料盒

p41n7 b0x

剪刀

5c1550r5

膠水

6lu3

練習冊

3x3rc153 b00k

家庭作業

h0m3w0rk

12

數字

numb3r

2+2

加

4dd

5-2

減

5ub7r4c7

2×2

乘

mul71ply

計算

c4lcul473

A

字母

l3773r

ABCDEFG
HIJKLMN
OPQRSTU
VWXYZ

字母表

4lph4b37

字

w0rd

課文

73x7

讀

r34d

粉筆

ch4lk

上課

l3550n

登記

r361573r

考試

3x4m1n4710n

證書

c3r71f1c473

校服

5ch00l un1f0rm

教育

3duc4710n

百科全書

3ncycl0p3d14

大學

un1v3r517y

顯微鏡

m1cr05c0p3

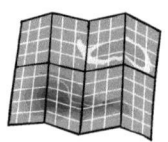

地圖

m4p

廢紙簍

w4573-p4p3r b45k37

飯店
h073l

Grand

青年旅社
h0573l

ROOMS

外幣兌換處
curr3ncy 3xch4n63 0ff1c3

EXCHANGE

手提箱
5u17c453

汽車
c4r

語言

l4n6u463

是/否

y35 / n0

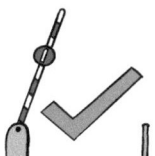

好的

0k4y

您好

h3ll0

翻譯人員

7r4n5l470r

謝謝

7h4nk y0u

......多少錢？

h0w much 15

我不明白

1 d0 n07 und3r574nd

問題

pr0bl3m

晚上好！

600d 3v3n1n6!

早上好！

600d m0rn1n6!

晚安！

600d n16h7!

再見

600dby3

方向

d1r3c710n

行李

lu66463

包

b46

背包

b4ckp4ck

客人

6u357

房間

r00m

睡袋

5l33p1n6 b46

帳篷

73n7

旅行資訊

70ur157 1nf0rm4710n

海灘

b34ch

信用卡

cr3d17 c4rd

早餐

br34kf457

午餐

lunch

晚餐

d1nn3r

票

71ck37

電梯

3l3v470r

郵票

574mp

邊界

b0rd3r

海關

cu570m5

大使館

3mb455y

簽證

v154

護照

p455p0r7

7r4n5p0r7

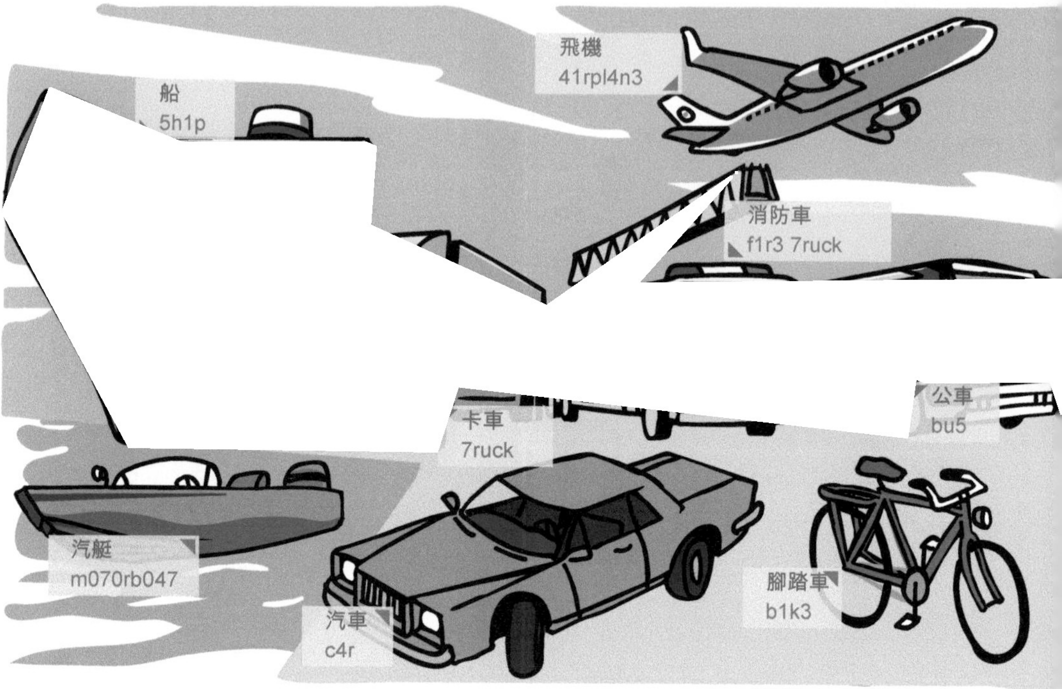
飛機
41rpl4n3
船
5h1p
消防車
f1r3 7ruck
卡車
7ruck
公車
bu5
汽艇
m070rb047
汽車
c4r
腳踏車
b1k3

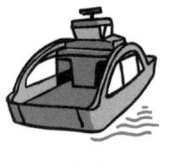

渡輪

f3rry

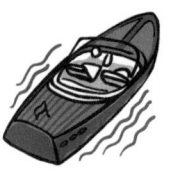

小船

b047

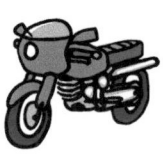

機車

m070rb1k3

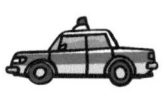

警車

p0l1c3 c4r

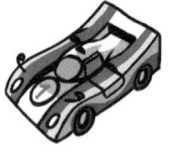

賽車

r4c1n6 c4r

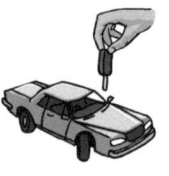

租車

r3n74l c4r

拼車

c4r 5h4r1n6

拖車

70w 7ruck

垃圾車

64rb463 7ruck

馬達

3n61n3

汽油

fu3l

加油站

fu3l 574710n

交通標識

7r4ff1c 516n

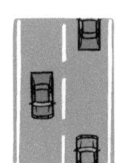

交通

7r4ff1c

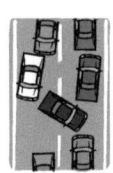

交通堵塞

7r4ff1c j4m

停車場

p4rk1n6 l07

火車站

7r41n 574710n

軌道

7r4ck5

火車

7r41n

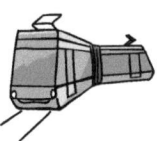

路面電車

7r4m

客車廂

w460n

直升機

h3l1c0p73r

機場

41rp0r7

塔

70w3r

乘客

p4553n63r

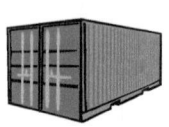

集裝箱

c0n741n3r

紙板箱

c4r70n

手推車

c4r7

籃子

b45k37

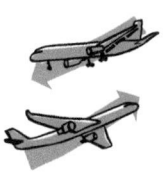

起飛/降落

74k3 0ff / l4nd

c17y

村莊

v1ll463

市中心

c17y c3n73r

房子

h0u53

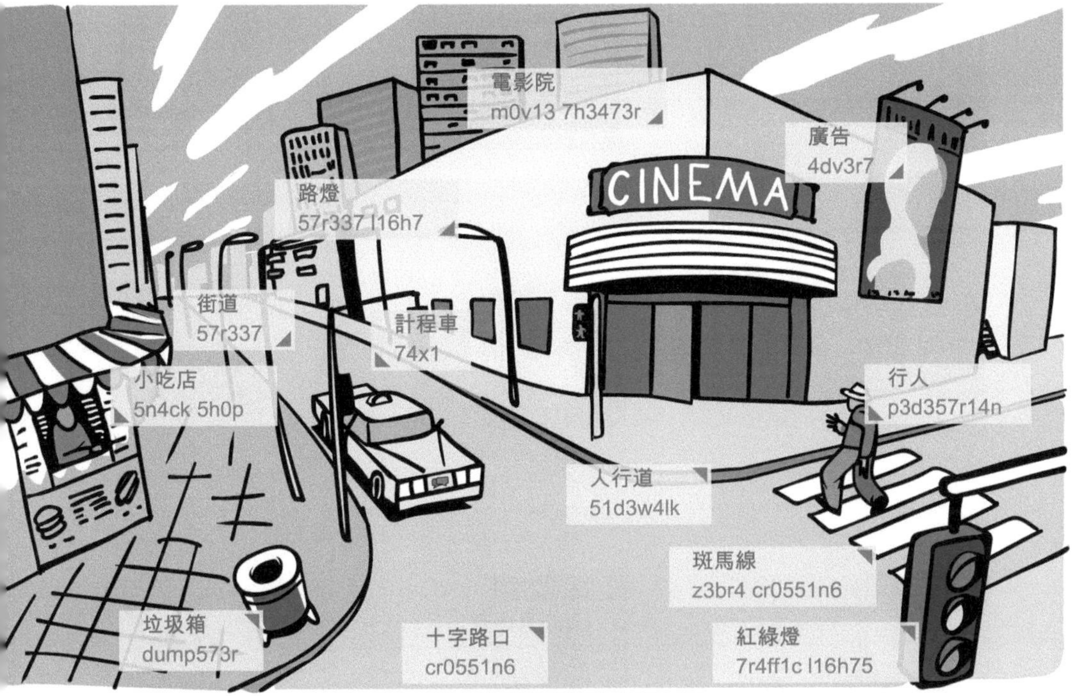

電影院
m0v13 7h3473r
CINEMA
廣告
4dv3r7
路燈
57r337 l16h7
街道
57r337
計程車
74x1
小吃店
5n4ck 5h0p
行人
p3d357r14n
人行道
51d3w4lk
斑馬線
z3br4 cr0551n6
垃圾箱
dump573r
十字路口
cr0551n6
紅綠燈
7r4ff1c l16h75

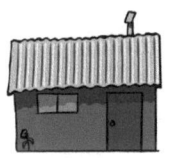

小屋

hu7

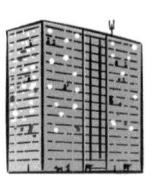

公寓

4p4r7m3n7

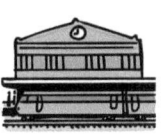

火車站

7r41n 574710n

市政廳

c17y h4ll

MUSEUM

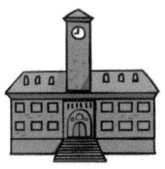

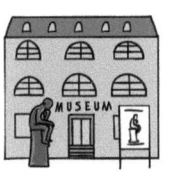

博物館

mu53um

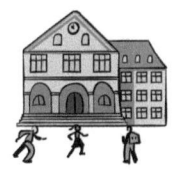

學校

5ch00l

大學

un1v3r517y

銀行

b4nk

醫院

h05p174l

飯店

h073l

藥房

ph4rm4cy

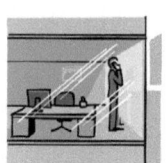

辦公室

0ff1c3

書店

b00k 5h0p

商店

5h0p

花店

fl0w3r 5h0p

超市

5up3rm4rk37

市場

m4rk37

百貨商店

d3p4r7m3n7 570r3

魚店

f15hm0n63r'5 5h0p

購物中心

m4ll

海港

h4rb0r

公園

p4rk

長凳

b3nch

橋

br1d63

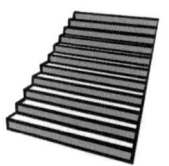

樓梯

5741r5

捷運

5ubw4y

隧道

7unn3l

公車站

bu5 570p

酒吧

b4r

餐館

r3574ur4n7

郵筒

p057b0x

路標

57r337 516n

停車計時器

p4rk1n6 m373r

動物園

z00

游泳池

5w1mm1n6 p00l

清真寺

m05qu3

農場
f4rm

污染
p0llu710n

墓地
c3m373ry

教堂
church

操場
pl4y6r0und

寺廟
73mpl3

l4nd5c4p3

樹葉
l34f

指示牌
516np057

路
p47h

草地
m34d0w

石頭
570n3

樹
7r33

徒步旅行者
h1k3r

河
r1v3r

樹
7r33

草
6r455

花
fl0w3r

峽谷

v4ll3y

丘陵

h1ll

湖

l4k3

森林

f0r357

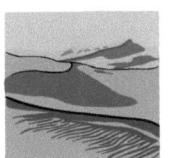

沙漠

d353r7

火山

v0lc4n0

城堡

c457l3

彩虹

r41nb0w

蘑菇

mu5hr00m

棕櫚樹

p4lm 7r33

蚊子

m05qu170

蒼蠅

fly

螞蟻

4n7

蜜蜂

b33

蜘蛛

5p1d3r

甲蟲

b337l3

青蛙

fr06

松鼠

5qu1rr3l

刺蝟

h3d63h06

野兔

h4r3

貓頭鷹

0wl

鳥

b1rd

天鵝

5w4n

野豬

b04r

鹿

d33r

麋鹿

m0053

水壩

d4m

風力發電機

w1nd 7urb1n3

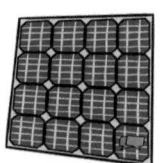

太陽能電池板

50l4r p4n3l

氣候

cl1m473

服務生
▶ w4173r

菜譜
▶ m3nu

椅子
▶ ch41r

湯
50up

披薩餅
p1zz4

餐具
cu7l3ry

桌布
74bl3cl07h

前菜

574r73r

主菜

m41n c0ur53

甜點

d3553r7

飲料

dr1nk5

食物

f00d

瓶子

b077l3

速食

f457 f00d

街邊小吃

57r337 f00d

茶壺

734p07

糖盒

5u64r b0wl

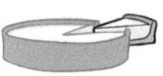

一份飯菜

p0r710n

義式咖啡機

35pr3550 m4ch1n3

高腳椅

h16h ch41r

帳單

b1ll

托盤

7r4y

刀

kn1f3

餐叉

f0rk

勺子

5p00n

茶匙

7345p00n

餐巾

53rv13773

玻璃杯

6l455

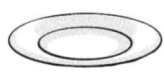

碟子

pl473

湯盤

50up pl473

碟子

54uc3r

醬

54uc3

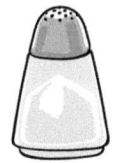

鹽瓶

54l7 5h4k3r

胡椒研磨罐

p3pp3r m1ll

醋

v1n364r

食用油

01l

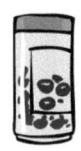

調味料

5p1c35

番茄醬

k37chup

芥末

mu574rd

美乃滋

m4y0nn4153

5up3rm4rk37

特價
5p3c14l 0ff3r
FOR
顧客
cu570m3r
乳製品
d41ry pr0duc75
水果
fru17
購物車
5h0pp1n6 c4r7

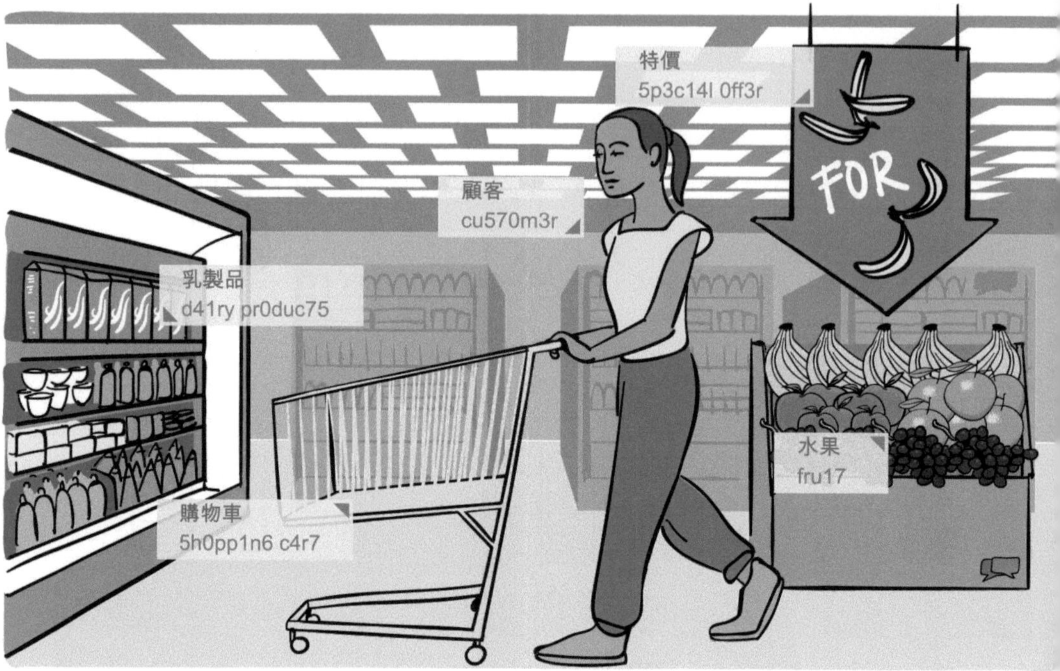

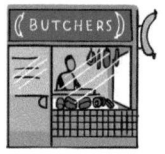

BUTCHERS

肉鋪

bu7ch3r'5 5h0p

BAKERY

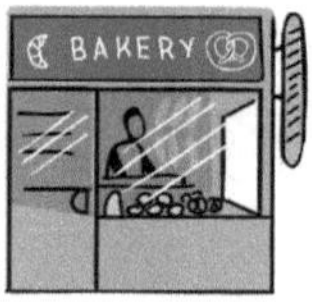

麵包店

b4k3ry

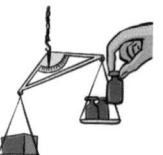

稱重

w316h

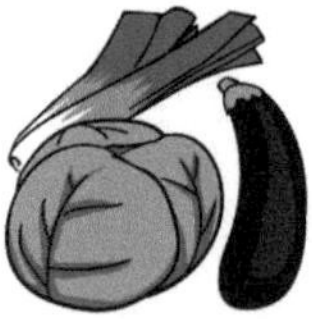

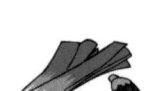

蔬菜

v36374bl35

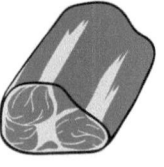

肉

m347

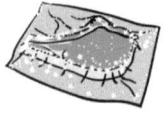

冷凍食品

fr0z3n f00d

冷盤

c0ld cu75

罐頭食品

c4nn3d f00d

洗衣粉

d373r63n7

甜食

c4ndy

日用品

h0u53h0ld pr0duc75

清潔用品

cl34n1n6 pr0duc75

銷售員

54l35 r3pr353n7471v3

收銀機

c45h r361573r

收銀員

c45h13r

購物清單

5h0pp1n6 l157

開放時間

0p3n1n6 h0ur5

錢包

w4ll37

信用卡

cr3d17 c4rd

袋子

b46

塑膠袋

pl4571c b46

水

w473r

果汁

ju1c3

牛奶

m1lk

可樂

c0k3

紅酒

w1n3

啤酒

b33r

酒

4lc0h0l

可可

c0c04

茶

734

咖啡

c0ff33

義式濃縮咖啡

35pr3550

卡布奇諾

c4ppucc1n0

香蕉

b4n4n4

蘋果

4ppl3

柳丁

0r4n63

西瓜

m3l0n

檸檬

l3m0n

胡蘿蔔

c4rr07

大蒜

64rl1c

竹子

b4mb00

洋蔥

0n10n

蘑菇

mu5hr00m

堅果

nu75

麵條

n00dl35

義大利麵

5p46h3771

米飯

r1c3

沙拉

54l4d

薯條

fr135

炸馬鈴薯

fr13d p0747035

披薩餅

p1zz4

漢堡

h4mbur63r

三明治

54ndw1ch

炸豬排

35c4l0p3

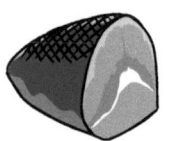

火腿

h4m

義大利臘腸

54l4m1

香腸

54u5463

雞肉

ch1ck3n

烤肉

r0457

魚

f15h

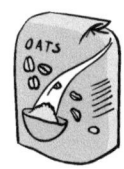

燕麥片

p0rr1d63 0475

木斯里

mu35l1

玉米片

c0rnfl4k35

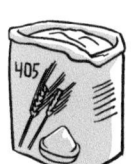

麵粉

fl0ur

牛角麵包

cr01554n7

麵包捲

br34d r0ll

麵包

br34d

吐司

70457

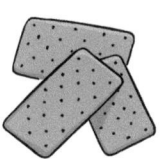

餅乾

c00k135

奶油

bu773r

凝乳

curd

蛋糕

c4k3

蛋

366

煎蛋

fr13d 366

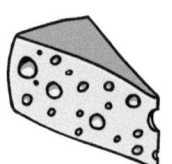

起司

ch3353

冰淇淋

1c3 cr34m

糖

5u64r

蜂蜜

h0n3y

果醬

j3lly

巧克力醬

n0u647 cr34m

咖哩

curry

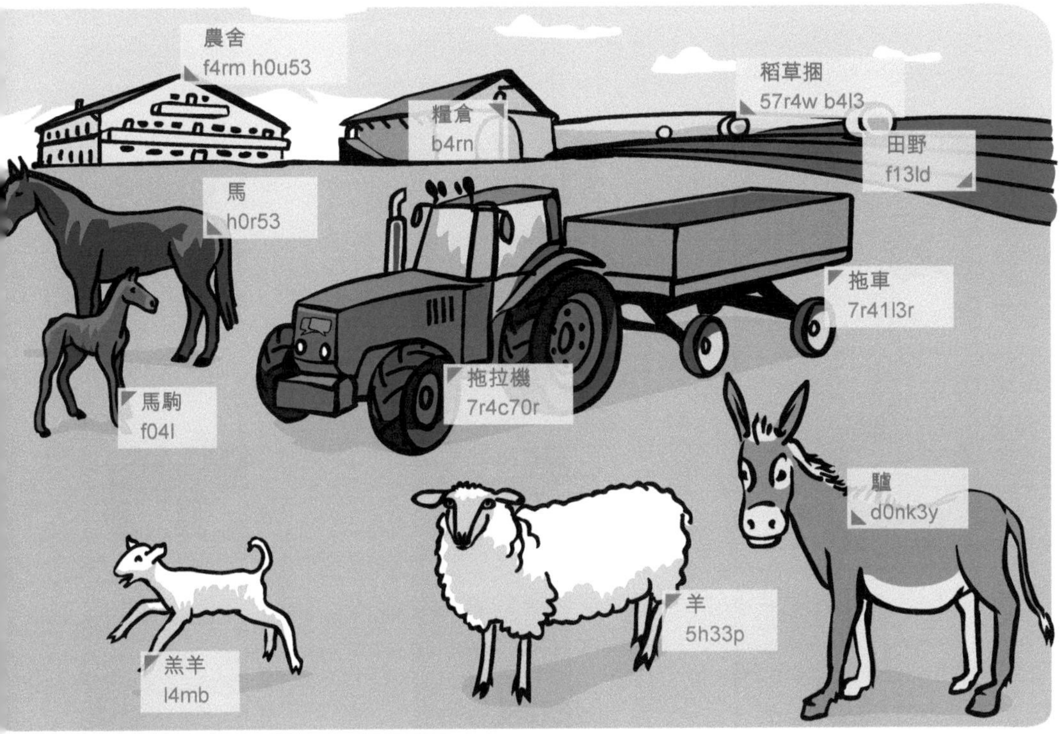

農舍
f4rm h0u53

糧倉
b4rn

稻草捆
57r4w b4l3

田野
f13ld

馬
h0r53

拖車
7r41l3r

拖拉機
7r4c70r

馬駒
f04l

驢
d0nk3y

羊
5h33p

羔羊
l4mb

山羊

6047

奶牛

c0w

小牛

c4lf

豬

p16

小豬

p16l37

公牛

bull

鵝

60053

鴨

duck

小雞

ch1ck

母雞

h3n

公雞

c0ck3r3l

鼠

r47

貓

c47

老鼠

m0u53

牛

0x

狗

d06

狗屋

d06 h0u53

花園澆水軟管

64rd3n h053

澆水壺

w473r1n6 c4n

長柄大鐮刀

5cy7h3

犁

pl0u6h

鐮刀

51ckl3

鋤頭

h03

長柄草耙

p17chf0rk

斧頭

4x3

獨輪手推車

pu5hc4r7

飼料槽

7r0u6h

牛奶罐

m1lk c4n

麻布袋

54ck

柵欄

f3nc3

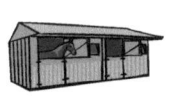

馬廄

574bl3

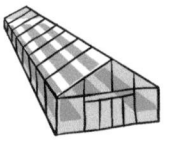

溫室

6r33nh0u53

土壤

501l

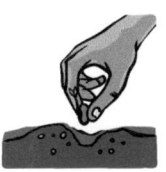

種子

533d

肥料

f3r71l1z3r

聯合收割機

c0mb1n3 h4rv3573r

收割

h4rv357

收割

h4rv357

地瓜

y4m5

小麥

wh347

大豆

50y4

土豆

p07470

玉米

c0rn

油菜籽

r4p3533d

果樹

fru17 7r33

樹薯

m4n10c

穀物

6r41n

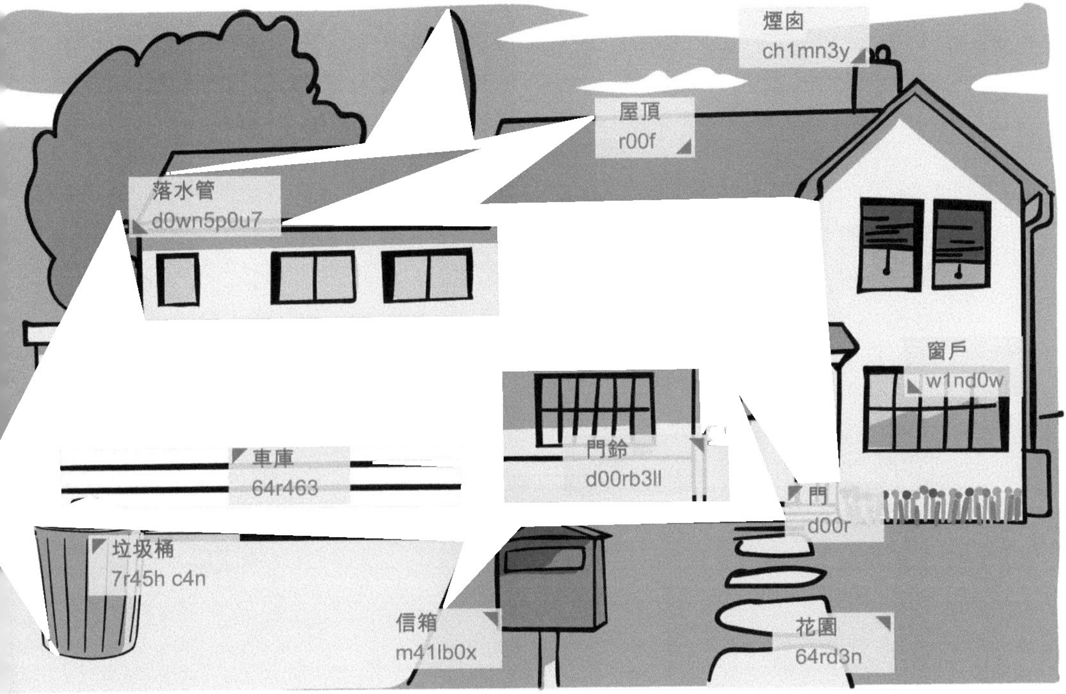

煙囪
ch1mn3y

屋頂
r00f

落水管
d0wn5p0u7

窗戶
w1nd0w

車庫
64r463

門鈴
d00rb3ll

門
d00r

垃圾桶
7r45h c4n

信箱
m41lb0x

花園
64rd3n

客廳
l1v1n6 r00m

浴室
b47hr00m

廚房
k17ch3n

臥室
b3dr00m

兒童房
ch1ld'5 r00m

餐廳
d1n1n6 r00m

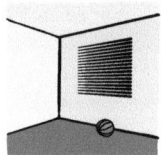

地板

fl00r

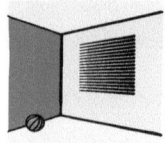

牆壁

w4ll

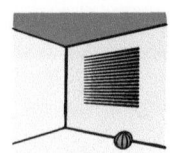

天花板

c31l1n6

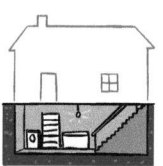

地窖

c3ll4r

三溫暖

54un4

陽臺

b4lc0ny

露臺

73rr4c3

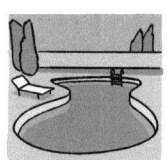

游泳池

p00l

割草機

l4wn m0w3r

被單

5h337

床罩

b3d5pr34d

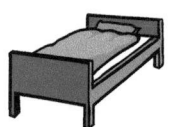

床

b3d

掃帚

br00m

水桶

buck37

開關

5w17ch

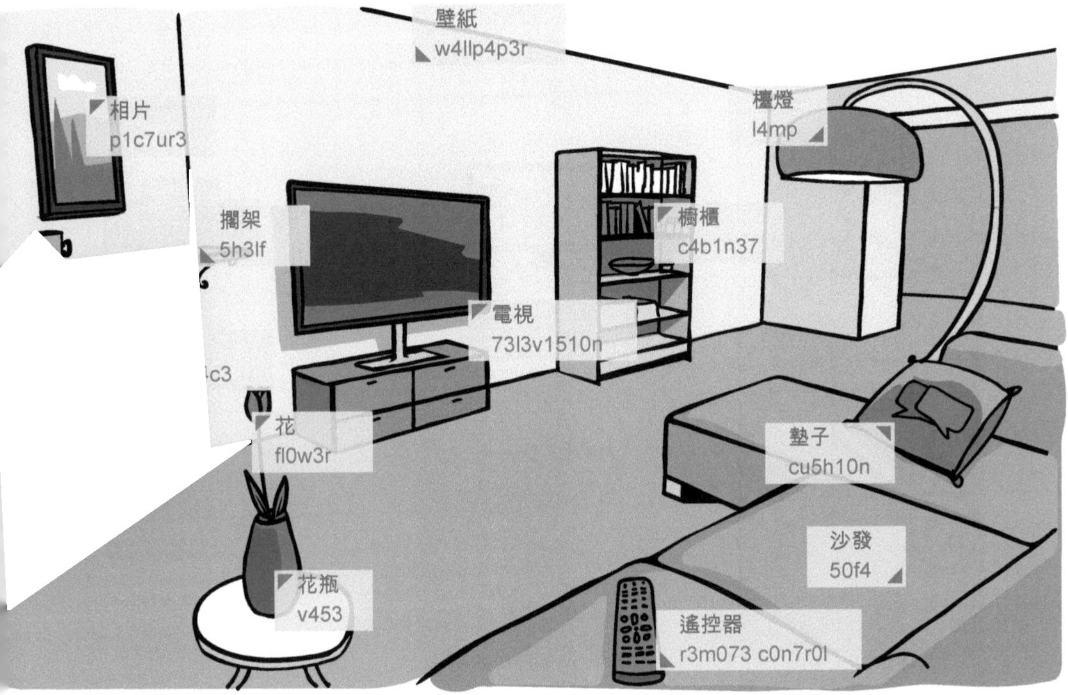

壁紙
▶ w4llp4p3r

相片
p1c7ur3

檯燈
l4mp ◀

擺架
5h3lf

櫥櫃
c4b1n37

...c3

電視
73l3v1510n ◀

花
fl0w3r

墊子
cu5h10n ▶

沙發
50f4 ◀

花瓶
v453

遙控器
r3m073 c0n7r0l

地毯

c4rp37

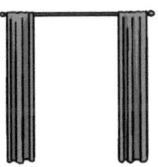

窗簾

dr4p3

餐桌

74bl3

椅子

ch41r

搖椅

r0ck1n6 ch41r

扶手椅

4rmch41r

書
b00k

毯子
bl4nk37

裝飾品
d3c0r4710n

木柴
f1r3w00d

電影
f1lm

高傳真音響
573r30 5y573m

鑰匙
k3y

報紙
n3w5p4p3r

油畫
p41n71n6

海報
p0573r

收音機
r4d10

筆記本
n073b00k

吸塵器
v4cuum cl34n3r

仙人掌
c4c7u5

蠟燭
c4ndl3

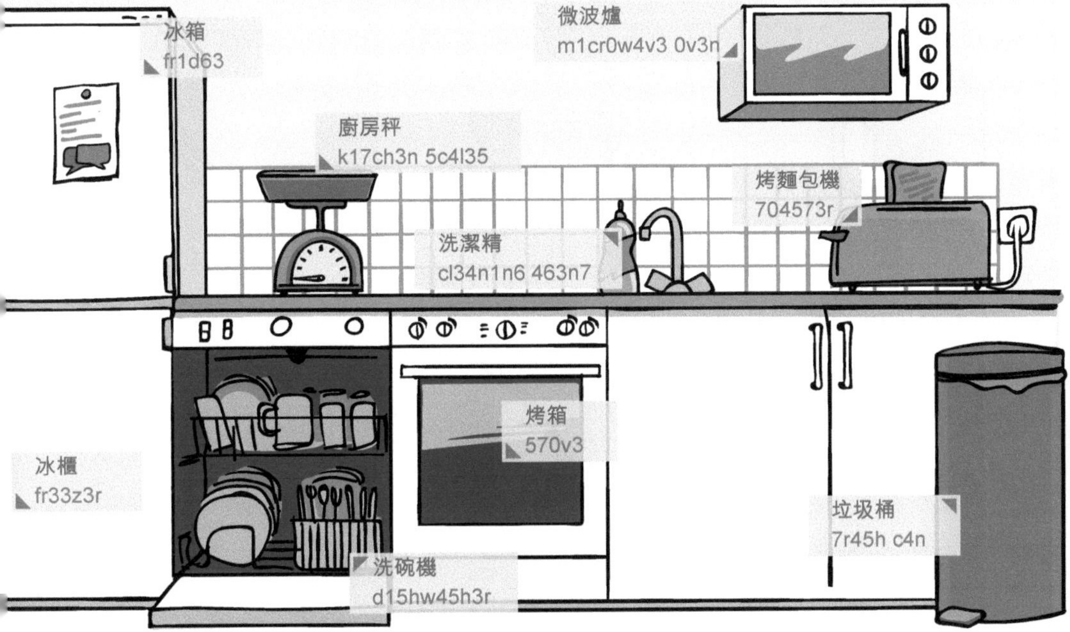

冰箱
fr1d63

微波爐
m1cr0w4v3 0v3n

廚房秤
k17ch3n 5c4l35

烤麵包機
704573r

洗潔精
cl34n1n6 463n7

烤箱
570v3

冰櫃
fr33z3r

垃圾桶
7r45h c4n

洗碗機
d15hw45h3r

炊具

c00k3r

鍋

p07

鑄鐵鍋

c457-1r0n p07

炒鍋

w0k / k4d41

平底鍋

p4n

水壺

k377l3

蒸鍋

5734m3r

烤盤

b4k1n6 7r4y

陶瓷鍋

cr0ck3ry

馬克杯

mu6

碗

b0wl

筷子

ch0p571ck5

長柄勺

l4dl3

鏟子

5p47ul4

攪拌器

wh15k

濾網

57r41n3r

篩子

513v3

磨碎機

6r473r

研缽

m0r74r

燒烤

b4rb3cu3

明火

f1r3pl4c3

菜板

ch0pp1n6 b04rd

擀麵杖

r0ll1n6 p1n

開瓶器

c0rk5cr3w

罐子

c4n

開罐器

c4n 0p3n3r

隔熱手套

0v3n cl07h

水槽

51nk

刷子

bru5h

海綿

5p0n63

攪拌機

bl3nd3r

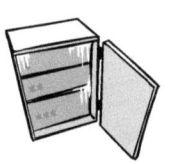

冷藏箱

d33p fr33z3r

奶瓶

b4by b077l3

水龍頭

74p

b47hr00m

淋浴
5h0w3r
供暖裝置
h3471n6
毛巾
70w3l
浴簾
5h0w3r cur741n
泡沫浴
bubbl3 b47h
浴缸
b47h7ub
玻璃杯
6l455
洗衣機
w45h1n6 m4ch1n3
水龍頭
74p
瓷磚
71l35
便壺
p077y
水槽
51nk

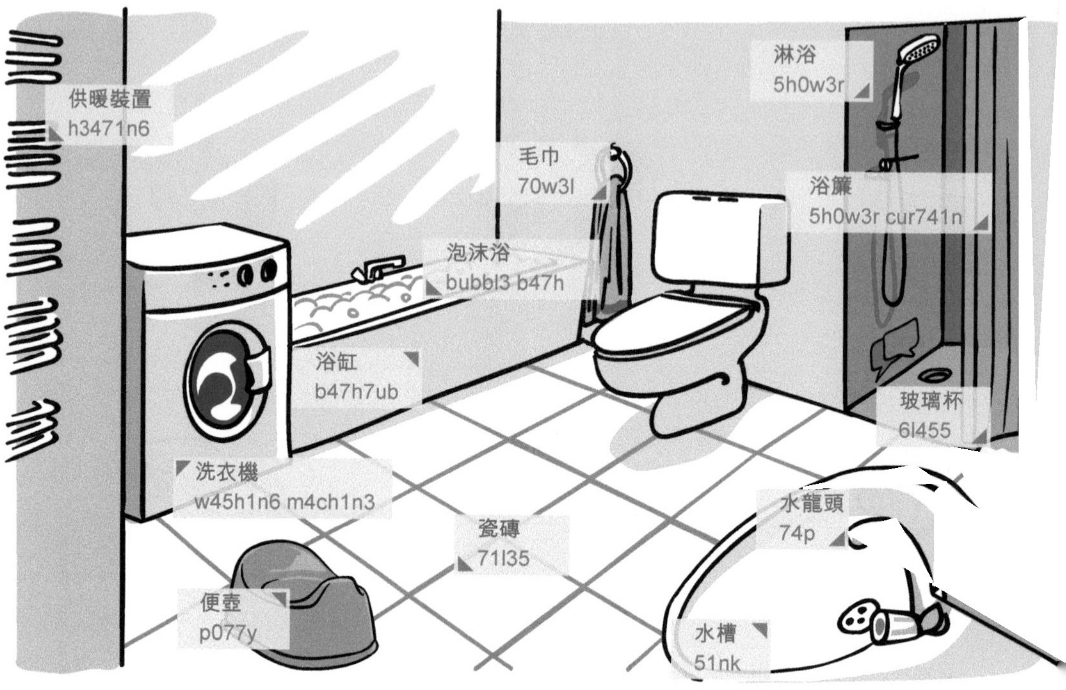

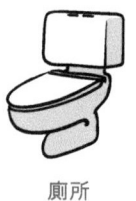

廁所

701l37

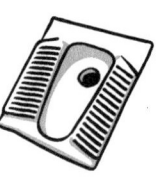

蹲便器

5qu47 701l37

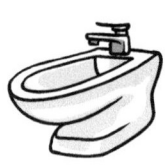

坐浴器

b1d37

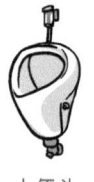

小便斗

ur1n4l

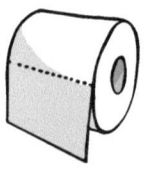

廁紙

701l37 p4p3r

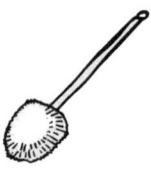

馬桶刷

701l37 bru5h

牙刷

7007hbru5h

牙膏

7007hp4573

牙線

d3n74l fl055

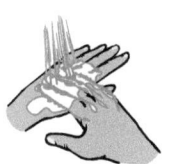

洗

w45h

手持式蓮蓬頭

h4nd 5h0w3r

沖洗器

d0uch3

洗臉盆

b451n

洗背刷

b4ck bru5h

肥皂

504p

沐浴露

5h0w3r 63l

洗髮乳

5h4mp00

法蘭絨

fl4nn3l

排水

dr41n

乳霜

cr3m3

除臭劑

d30d0r4n7

鏡子

m1rr0r

手鏡

h4nd m1rr0r

刮鬍刀

r4z0r

刮鬍泡沫

5h4v1n6 f04m

鬍後水

4f73r5h4v3

梳子

c0mb

刷子

bru5h

吹風機

h41r-dry3r

噴髮定型劑

h41r5pr4y

化妝品

m4k3up

唇膏

l1p571ck

指甲油

n41l v4rn15h

化妝棉

c0770n w00l

指甲剪

n41l 5c1550r5

香水

p3rfum3

洗漱包

w45hb46

凳子

5700l

計重秤

w316h1n6 5c4l35

浴袍

b47hr0b3

橡膠手套

rubb3r 6l0v35

衛生棉條

74mp0n

衛生棉

54n174ry 70w3l

化學廁所

ch3m1c4l 701l37

ch1ld'5 r00m

鬧鐘
4l4rm cl0ck
毛絨玩具
cuddly 70y
玩具車
70y c4r
撥浪鼓
r477l3
玩具屋
d0ll'5 h0u53
禮物
pr353n7

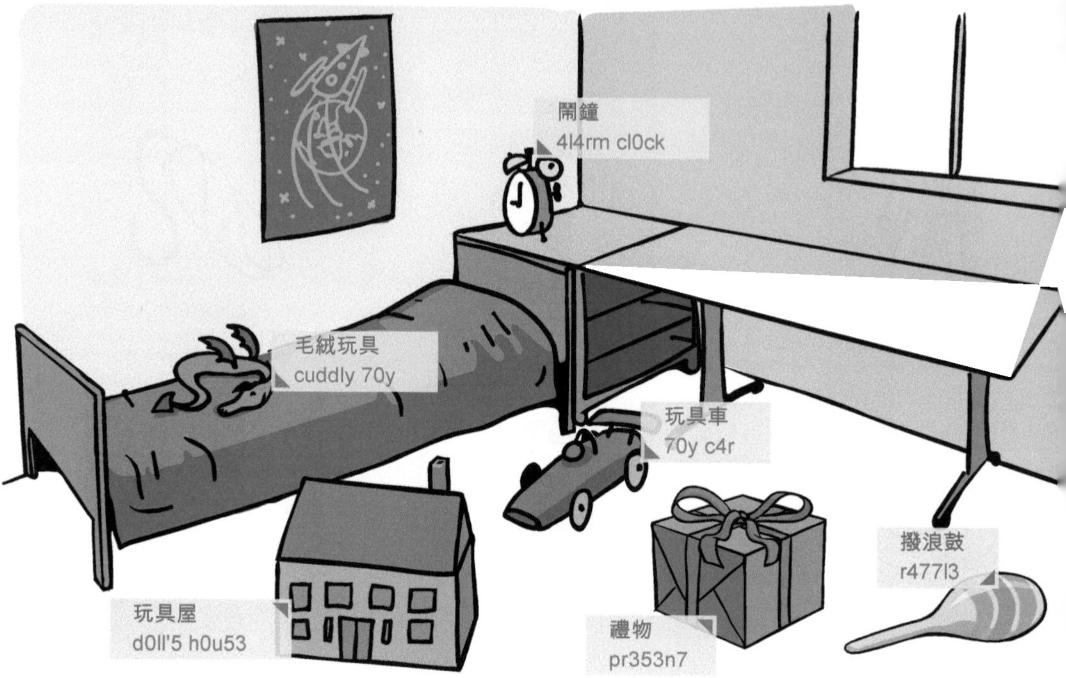

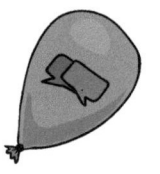

氣球

b4ll00n

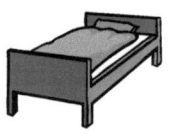

床

b3d

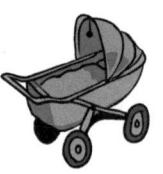

嬰兒車

57r0ll3r

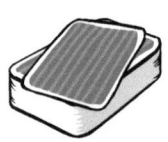

撲克牌

d3ck 0f c4rd5

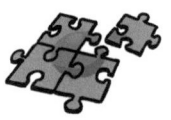

拼圖

j1654w

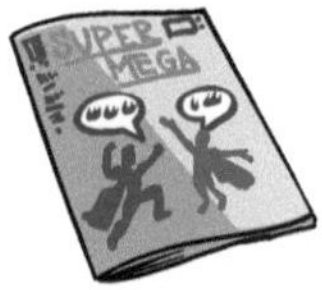

漫畫

c0m1c

樂高積木

l360 br1ck5

積木玩具

70y bl0ck5

公仔

4c710n f16ur3

嬰兒服

r0mp3r 5u17

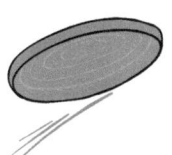

飛盤

fr15b33

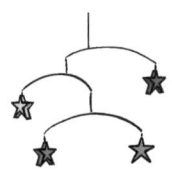

床鈴玩具

m0b1l3

棋盤遊戲

b04rd 64m3

骰子

d1c3

火車模型

m0d3l 7r41n 537

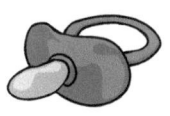

安撫奶嘴

dummy

派對

p4r7y

繪本

p1c7ur3 b00k

球

b4ll

洋娃娃

d0ll

玩

pl4y

沙坑

54ndp17

鞦韆

5w1n6

玩具

70y

電玩遊戲

v1d30 64m3 c0n50l3

三輪車

7r1cycl3

泰迪熊

73ddy b34r

衣櫃

w4rdr0b3

cl07h1n6

襪子

50ck5

長襪

570ck1n65

緊身褲

716h75

圍巾
5c4rf

雨傘
umbr3ll4

皮帶
b3l7

T恤
7-5h1r7

靴子
b0075

拖鞋
5l1pp3r5

運動鞋
5n34k3r5

涼鞋
54nd4l5

鞋
5h035

雨靴
rubb3r b0075

內褲
br13f5

胸罩
br4

背心
und3r5h1r7

身體

b0dy

褲子

p4n75

牛仔褲

j34n5

短裙

5k1r7

女式襯衫

bl0u53

襯衫

5h1r7

套頭衫

pull0v3r

連帽上衣

5w3473r

西裝夾克

bl4z3r

夾克

j4ck37

外套

c047

雨衣

r41nc047

套裝

c057um3

連衣裙

dr355

婚紗

w3dd1n6 dr355

西裝

5u17

睡袍

n16h760wn

睡衣

p4j4m45

莎麗

54r1

頭巾

h34d5c4rf

包頭巾

7urb4n

波卡

burk4

卡夫坦

k4f74n

(阿拉伯式)長袍

4b4y4

泳衣

5w1m5u17

男式泳褲

7runk5

短褲

5h0r75

運動服

7r4ck5u17

圍裙

4pr0n

手套

6l0v35

衣服 - cl07h1n6

鈕扣

bu770n

眼鏡

6l45535

手鏈

br4c3l37

項鍊

n3ckl4c3

戒指

r1n6

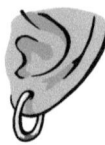

耳環

34rr1n6

便帽

c4p

衣架

c047 h4n63r

帽子

h47

領帶

713

拉鍊

z1p

安全帽

h3lm37

背帶

br4c35

校服

5ch00l un1f0rm

制服

un1f0rm

圍兜
b1b

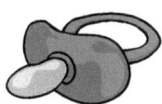

安撫奶嘴
dummy

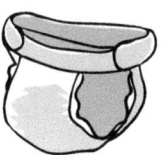

尿布
d14p3r

伺服器
53rv3r

檔案櫃
f1l1n6 c4b1n37

印表機
?3r

螢幕
m0n170r

紙
p4p3r

滑鼠
m0u53

鍵盤
?yb04rd

廢紙簍
w4573-p4p3r b45k37

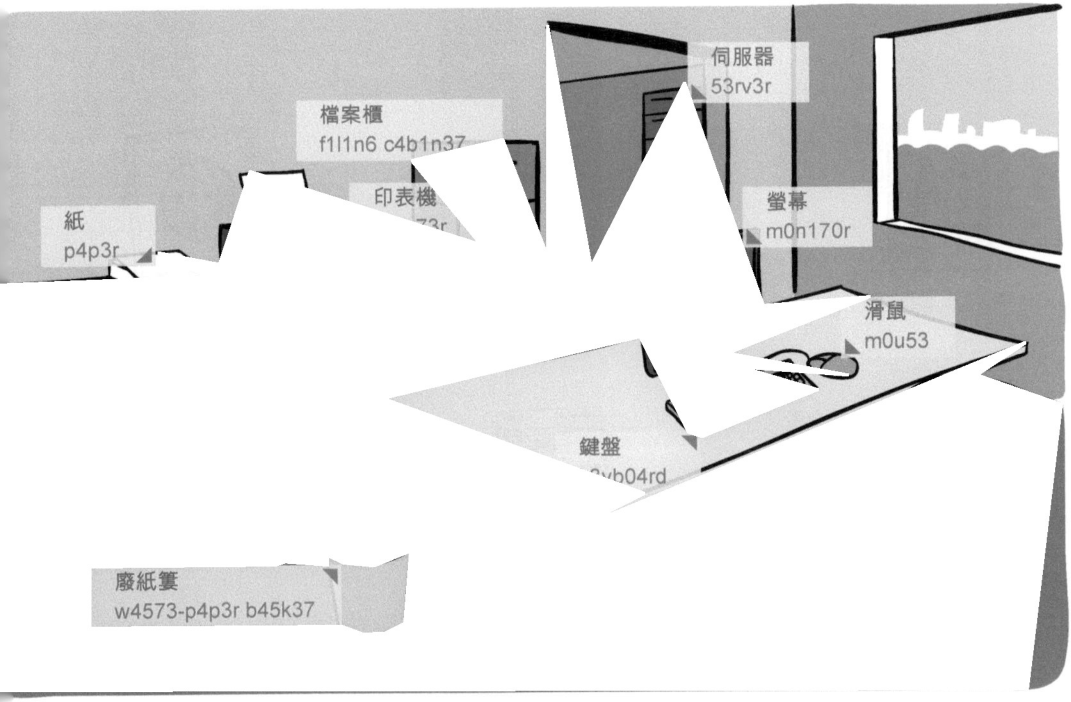

咖啡杯
c0ff33 mu6

計算機
c4lcul470r

網際網路
1n73rn37

筆記型電腦

l4p70p

信件

l3773r

簡訊

m355463

行動電話

c3ll ph0n3

網路

n37w0rk

影印機

ph070c0p13r

軟體

50f7w4r3

電話

73l3ph0n3

插座

plu6 50ck37

傳真機

f4x m4ch1n3

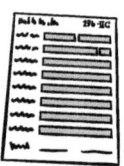

表格

f0rm

檔案

d0cum3n7

買

buy

付錢

p4y

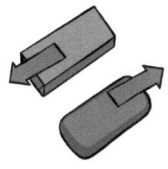

交易

7r4d3

現金

m0n3y

USD

美元

d0ll4r

EUR

歐元

3ur0

JPY

日元

y3n

RUB

盧布

r0ubl3

CHF

瑞士法郎

5w155 fr4nc

CNY

人民幣

r3nm1nb1 yu4n

INR

盧比

rup33

提款處

c45h p01n7

外幣兌換處

curr3ncy 3xch4n63 0ff1c3

金

60ld

銀

51lv3r

石油

01l

能源

3n3r6y

價格

pr1c3

合約

c0n7r4c7

稅金

74x

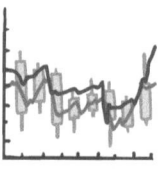

股票

570ck

工作

w0rk

職員

3mpl0y33

老闆

3mpl0y3r

工廠

f4c70ry

商店

5h0p

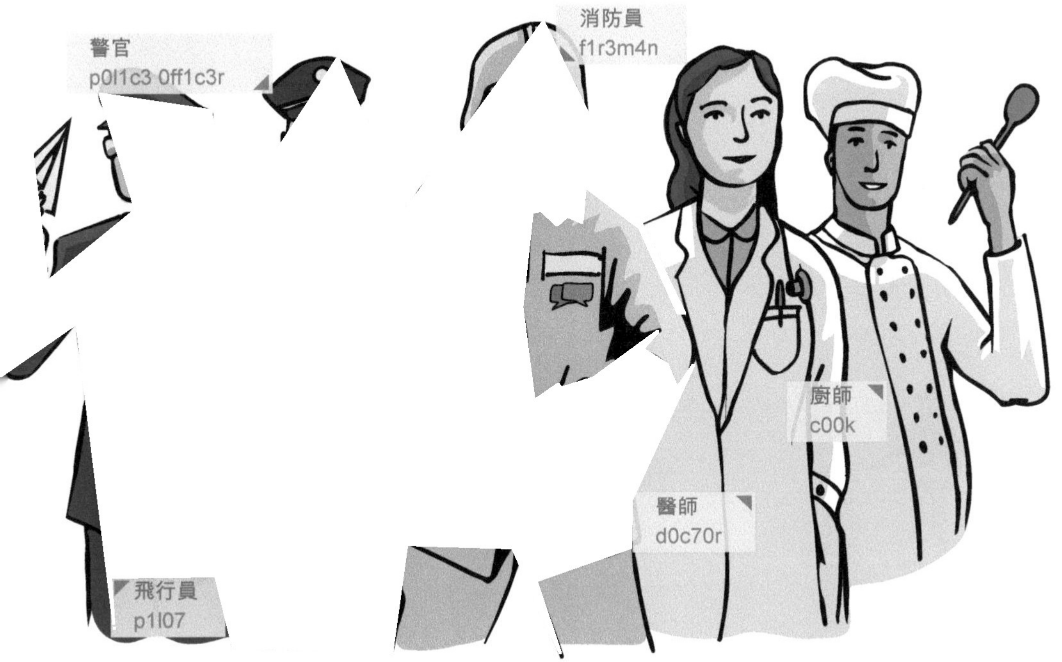

警官
p0l1c3 0ff1c3r

消防員
f1r3m4n

廚師
c00k

醫師
d0c70r

飛行員
p1l07

園丁
64rd3n3r

木匠
c4rp3n73r

裁縫
534m57r355

法官
jud63

化學家
ch3m157

演員
4c70r

公車司機

bu5 dr1v3r

計程車司機

74x1 dr1v3r

漁夫

f15h3rm4n

清洗女工

cl34n1n6 l4dy

屋頂工

r00f3r

服務生

w4173r

獵人

hun73r

畫家

p41n73r

麵包師

b4k3r

電工

3l3c7r1c14n

建築工人

bu1ld3r

工程師

3n61n33r

屠夫

bu7ch3r

水管工

plumb3r

郵差

p057m4n

士兵

50ld13r

建築師

4rch173c7

收銀員

c45h13r

花農

fl0r157

理髮師

h41rdr3553r

售票員

c0nduc70r

機械技師

m3ch4n1c

船長

c4p741n

牙醫

d3n7157

科學家

5c13n7157

拉比

r4bb1

伊瑪目

1m4m

和尚

m0nk

牧師

p4570r

700l5

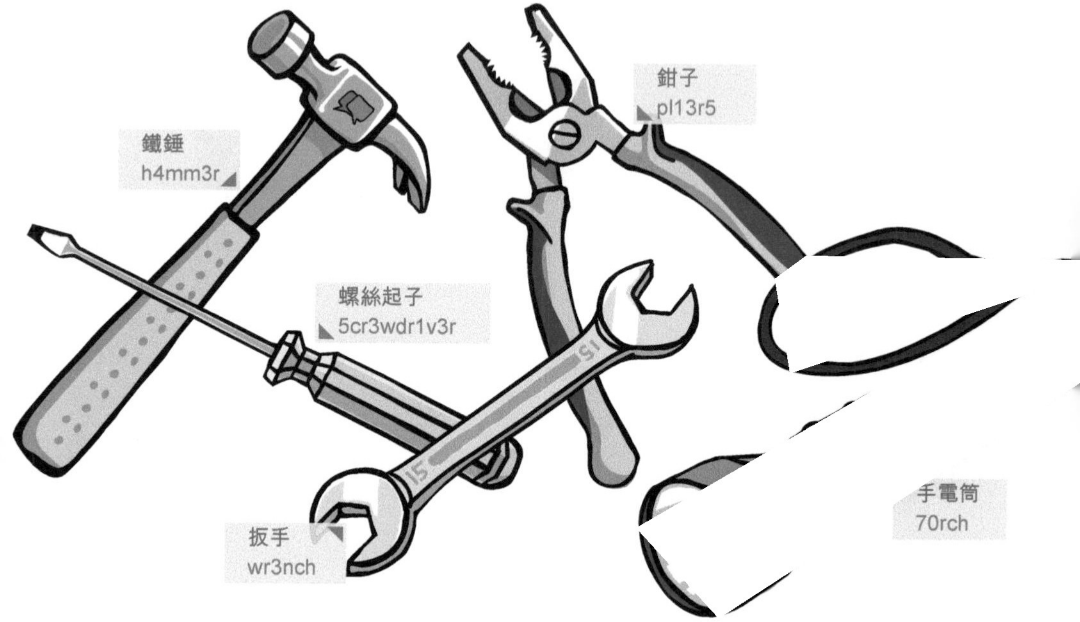
鉗子
pl13r5
鐵錘
h4mm3r
螺絲起子
5cr3wdr1v3r
扳手
wr3nch
手電筒
70rch

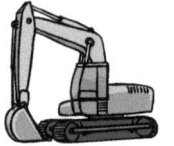

挖掘機

3xc4v470r

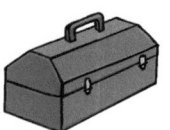

工具箱

700lb0x

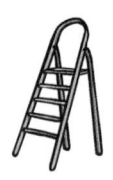

梯子

l4dd3r

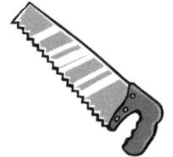

鋸子

54w

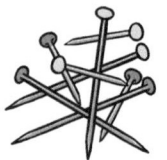

釘子

n41l5

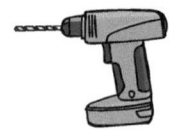

鑽機

dr1ll

修
.....
r3p41r

鏟子
.....
5h0v3l

糟糕！
.....
d4mn!

畚箕
.....
du57p4n

油漆桶
.....
p41n7 c4n

螺絲
.....
5cr3w5

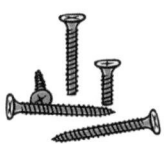

mu51c4l 1n57rum3n75

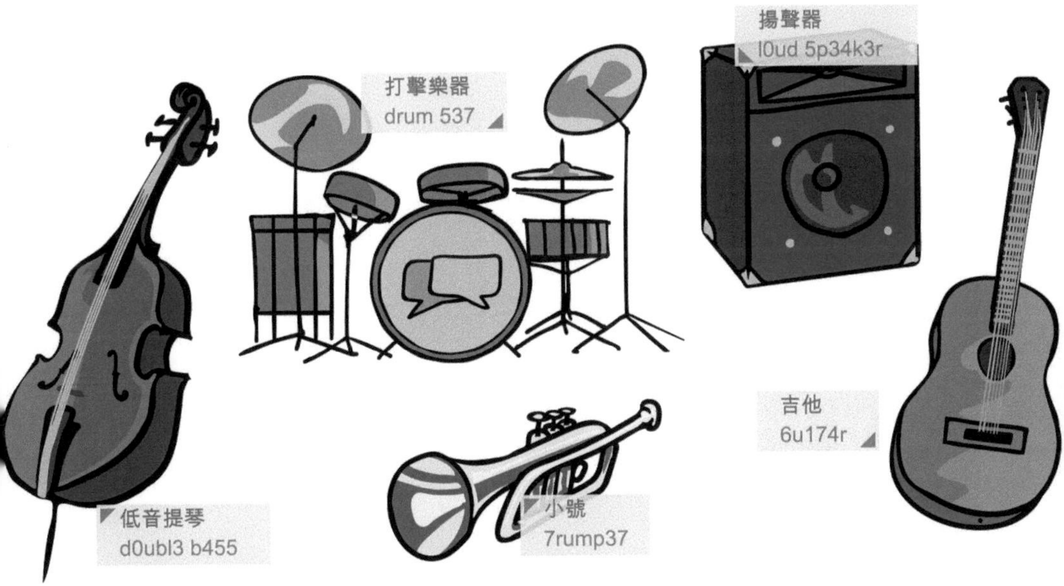

揚聲器
l0ud 5p34k3r

打擊樂器
drum 537

吉他
6u174r

低音提琴
d0ubl3 b455

小號
7rump37

鋼琴

p14n0

小提琴

v10l1n

貝斯

b455

定音鼓

71mp4n1

鼓

drum5

電子琴

k3yb04rd

薩克斯風

54x0ph0n3

長笛

flu73

麥克風

m1cr0ph0n3

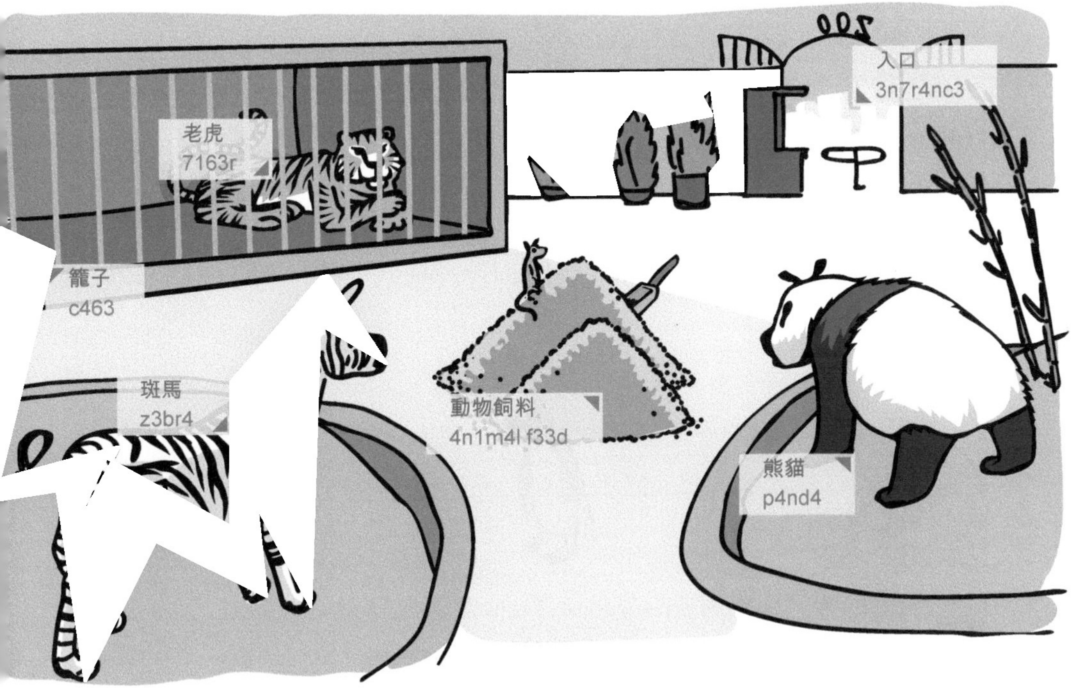

老虎
7163r

籠子
c463

斑馬
z3br4

動物飼料
4n1m4l f33d

入口
3n7r4nc3

熊貓
p4nd4

動物

4n1m4l5

大象

3l3ph4n7

袋鼠

k4n64r00

犀牛

rh1n0

大猩猩

60r1ll4

熊

b34r

駱駝

c4m3l

舵鳥

057r1ch

獅子

l10n

猴子

m0nk3y

紅鶴

fl4m1n60

鸚鵡

p4rr07

北極熊

p0l4r b34r

企鵝

p3n6u1n

鯊魚

5h4rk

孔雀

p34c0ck

蛇

5n4k3

鱷魚

cr0c0d1l3

動物園管理員

z00k33p3r

海豹

534l

美洲豹

j46u4r

矮種馬

p0ny

豹

l30p4rd

河馬

h1pp0

長頸鹿

61r4ff3

老鷹

346l3

野豬

b04r

魚

f15h

龜

7ur7l3

海象

w4lru5

狐狸

f0x

羚羊

64z3ll3

橄欖球
4m3r1c4n f007b4ll

騎腳踏車
cycl1n6

網球
73nn15

籃球
b45k37b4ll

游泳
5w1mm1n6

拳擊
b0x1n6

冰球
1c3 h0ck3y

美式足球
50cc3r

羽毛球
b4dm1n70n

田徑
47hl371c5

手球
h4ndb4ll

滑雪
5k11n6

馬球
p0l0

跳
jump

擁抱
hu6

笑
l4u6h

走路
w4lk

唱
51n6

祈禱
pr4y

親吻
k155

做夢
dr34m

書寫
wr173

畫
dr4w

展示
5h0w

推
pu5h

給
61v3

拿
74k3

有

h4v3

做

d0

當

b3

站

574nd

跑

run

拉

pull

丟

7hr0w

摔倒

f4ll

躺

l13

等待

w417

攜帶

c4rry

坐

517

穿衣

637 dr3553d

睡覺

5l33p

醒來

w4k3 up

看

l00k 47

哭

cry

擊

57r0k3

梳頭

c0mb

交談

74lk

明白

und3r574nd

問

45k

聽

l1573n

喝

dr1nk

吃

347

清理

71dy up

愛

l0v3

做飯

c00k

開車

dr1v3

飛

fly

航行
5411

計算
c4lcul473

讀
r34d

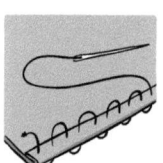

學習
l34rn

工作
w0rk

結婚
m4rry

縫
53w

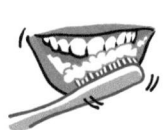

刷牙
bru5h 7337h

殺
k1ll

抽菸
5m0k3

寄
53nd

祖母
6r4ndm07h3r

祖父
6r4ndf47h3r

父親
f47h3r

母親
m07h3r

嬰兒
b4by

女兒
d4u6h73r

兒子
50n

客人

6u357

阿姨

4un7

叔叔

uncl3

兄弟

br07h3r

姐妹

51573r

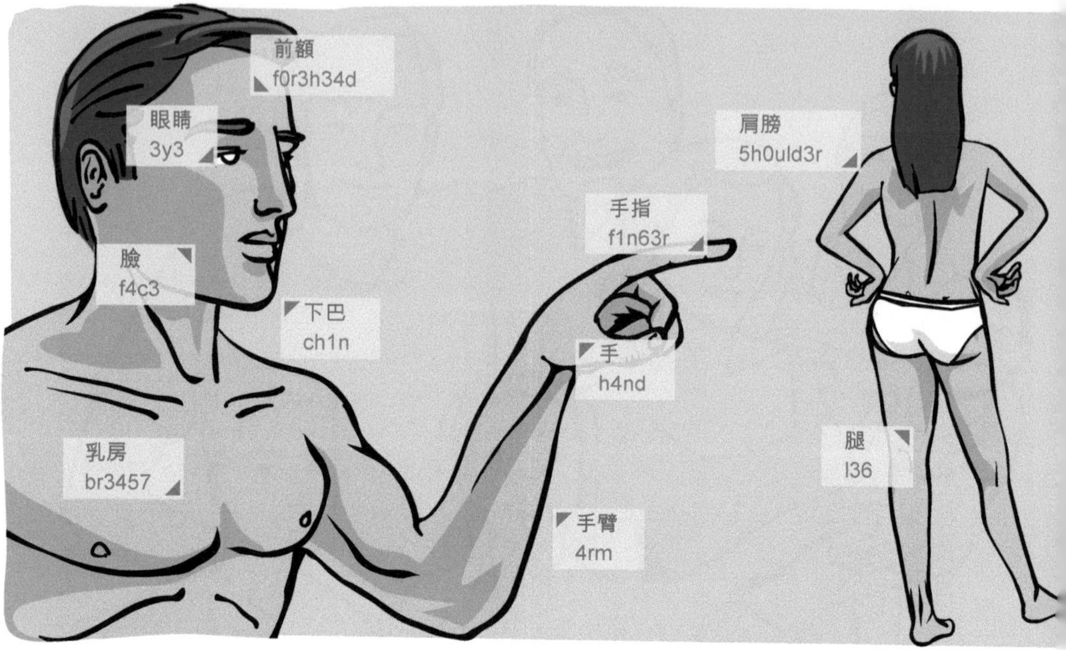

前額
f0r3h34d

眼睛
3y3

肩膀
5h0uld3r

手指
f1n63r

臉
f4c3

下巴
ch1n

手
h4nd

乳房
br3457

腿
l36

手臂
4rm

嬰兒

b4by

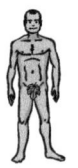

男人

m4n

女人

w0m4n

女孩

61rl

男孩

b0y

頭

h34d

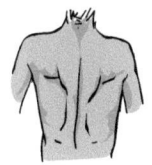

背部
b4ck

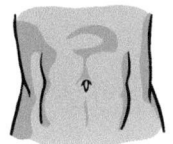

肚子
b3lly

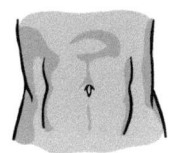

肚臍
n4v3l

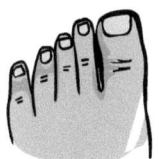

腳趾
703

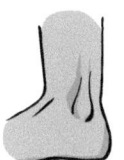

腳後跟
h33l

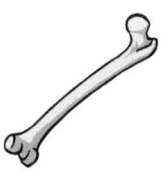

骨頭
b0n3

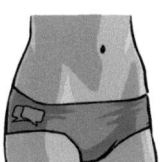

臀部
h1p

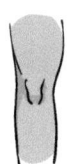

膝蓋
kn33

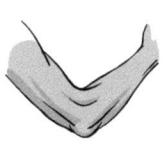

手肘
3lb0w

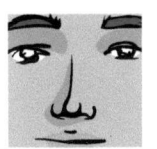

鼻子
n053

屁股
bu770ck5

皮膚
5k1n

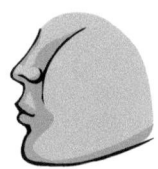

臉頰
ch33k

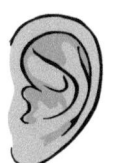

耳朵
34r

嘴唇
l1p

嘴

m0u7h

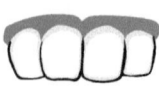

牙齒

7007h

舌頭

70n6u3

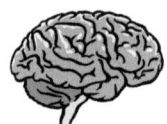

腦

br41n

心臟

h34r7

肌肉

mu5cl3

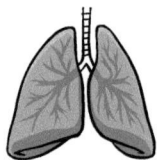

肺

lun6

肝臟

l1v3r

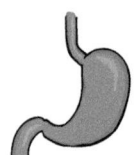

胃

570m4ch

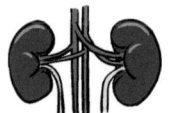

腎臟

k1dn3y5

性交

53x

保險套

c0nd0m

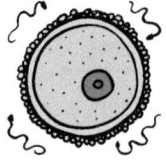

卵子

0vum

精子

53m3n

懷孕

pr36n4ncy

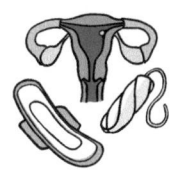

月事

m3n57ru4710n

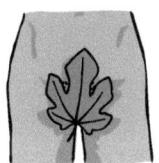

陰道

v461n4

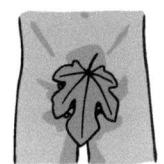

陰莖

p3n15

眉毛

3y3br0w

頭髮

h41r

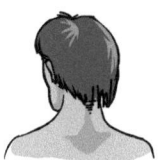

脖子

n3ck

h05p174l

醫院
h05p174l
骨折
fr4c7ur3

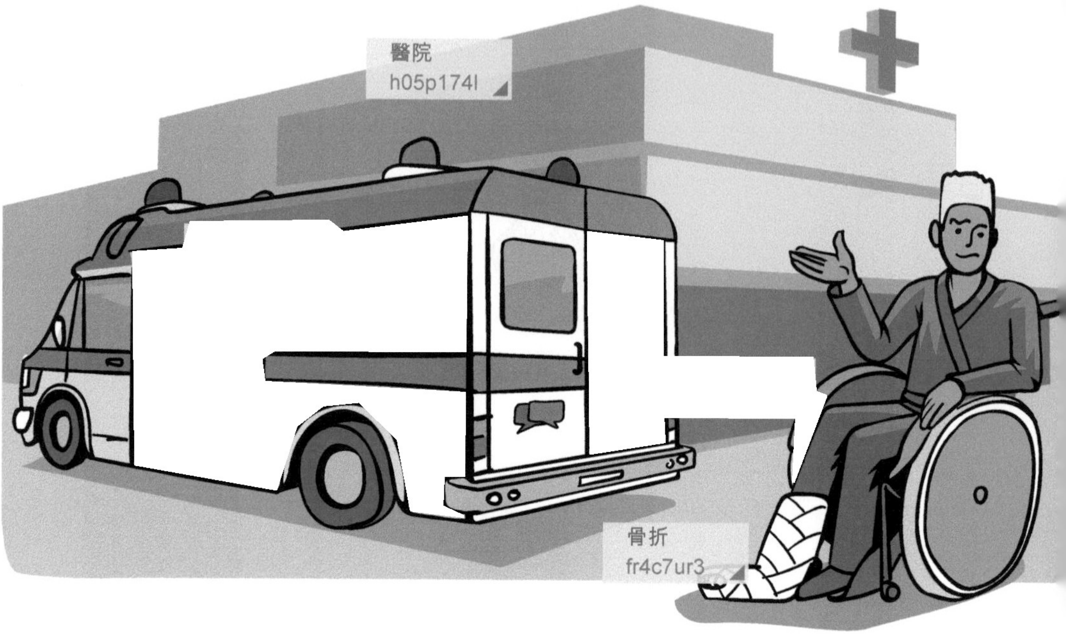

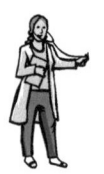

醫師

d0c70r

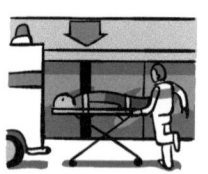

急診室

3m3r63ncy r00m

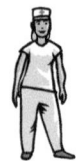

護理師

nur53

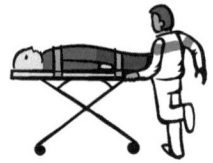

緊急情形

3m3r63ncy

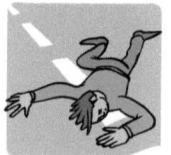

昏迷

unc0n5c10u5

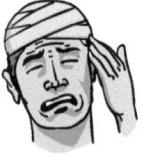

痛

p41n

受傷

1njury

出血

bl33d1n6

心臟病發作

h34r7 4774ck

中風

57r0k3

過敏

4ll3r6y

咳嗽

c0u6h

發燒

f3v3r

流感

flu

腹瀉

d14rrh34

頭痛

h34d4ch3

癌症

c4nc3r

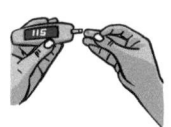

糖尿病

d14b3735

外科醫師

5ur630n

手術刀

5c4lp3l

手術

0p3r4710n

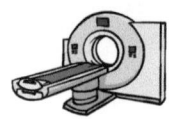

電腦斷層掃描

c7

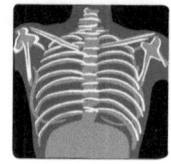

X光

x-r4y

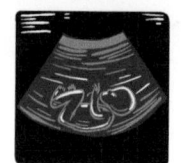

超音波

ul7r450und

口罩

f4c3 m45k

疾病

d153453

候診室

w4171n6 r00m

拐杖

cru7ch

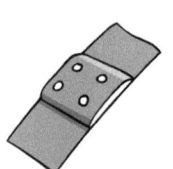

石膏

pl4573r

繃帶

b4nd463

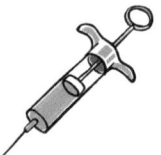

注射

1nj3c710n

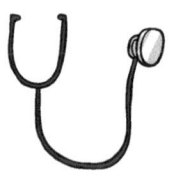

聽診器

5737h05c0p3

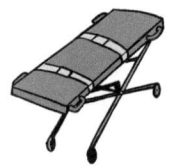

擔架

57r37ch3r

體溫計

cl1n1c4l 7h3rm0m373r

出生

b1r7h

超重

0v3rw316h7

助聽器

h34r1n6 41d

消毒液

d151nf3c74n7

感染

1nf3c710n

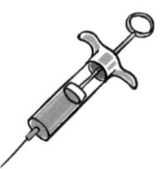

病毒

v1ru5

愛滋病

h1v / 41d5

藥物

m3d1c1n3

接種疫苗

v4cc1n4710n

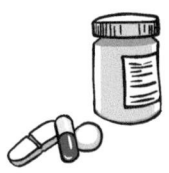

藥片

74bl375

藥丸

p1ll

急救電話

3m3r63ncy c4ll

血壓計

bl00d pr355ur3 m0n170r

生病/健康

1ll / h34l7hy

救命！

h3lp!

警報

4l4rm

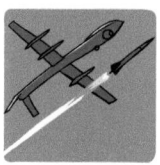

攻擊

4774ck

危險

d4n63r

緊急出口

3m3r63ncy 3x17

失火了！

f1r3!

滅火器

f1r3 3x71n6u15h3r

意外

4cc1d3n7

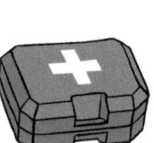

急救箱

f1r57-41d k17

呼救訊號

505

員警

p0l1c3

歐洲

3ur0p3

北美洲

n0r7h 4m3r1c4

南美洲

50u7h 4m3r1c4

非洲

4fr1c4

亞洲

4514

澳洲

4u57r4l14

大西洋

47l4n71c

太平洋

p4c1f1c

印度洋

1nd14n 0c34n

南冰洋

4n74rc71c 0c34n

北冰洋

4rc71c 0c34n

北極

n0r7h p0l3

南極

50u7h p0l3

南極洲

4n74rc71c4

地球

34r7h

陸地

l4nd

海

534

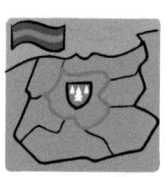

島

15l4nd

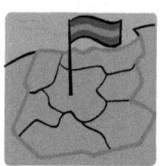

國家

n4710n

州

57473

錶盤

cl0ck f4c3

時針

h0ur h4nd

分針

m1nu73 h4nd

秒針

53c0nd h4nd

現在幾點？

wh47 71m3 15 17?

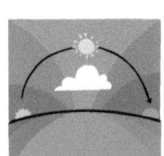

天

d4y

時間

71m3

現在

n0w

電子錶

d16174l w47ch

分

m1nu73

時

h0ur

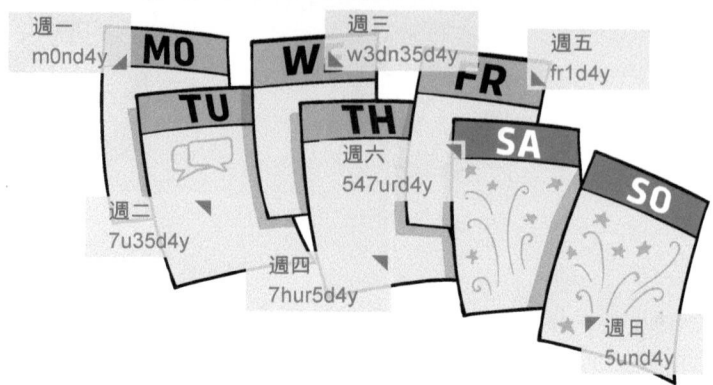

週一
m0nd4y

週三
w3dn35d4y

週五
fr1d4y

週二
7u35d4y

週四
7hur5d4y

週六
547urd4y

週日
5und4y

昨天

y3573rd4y

今天

70d4y

明天

70m0rr0w

早晨

m0rn1n6

中午

n00n

晚上

3v3n1n6

工作日

w0rkd4y5

週末

w33k3nd

雨
▶ r41n

彩虹
▶ r41nb0w

風
▶ w1nd

雪
▶ 5n0w

春
▶ 5pr1n6

秋
▶ f4ll

夏
5umm3r

冬
▶ w1n73r

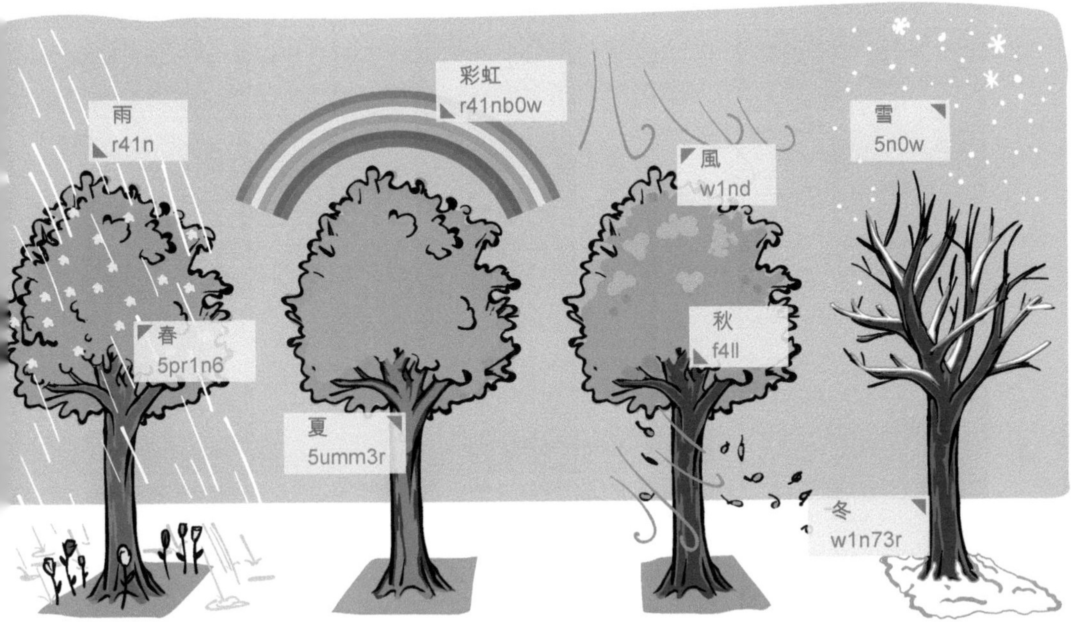

天氣預告

w347h3r f0r3c457

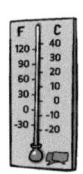

溫度計

7h3rm0m373r

陽光

5un5h1n3

雲

cl0ud

霧

f06

潮濕

hum1d17y

閃電

l16h7n1n6

打雷

7hund3r

風暴

570rm

冰雹

h41l

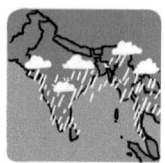

季風

m0n500n

洪水

fl00d

冰

1c3

一月

j4nu4ry

二月

f3bru4ry

三月

m4rch

四月

4pr1l

五月

m4y

六月

jun3

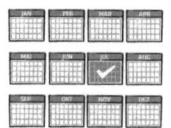

七月

july

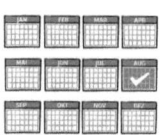

八月

4u6u57

82

年 - y34r

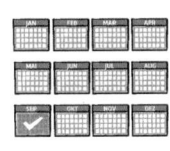

九月
....
53p73mb3r

十月
....
0c70b3r

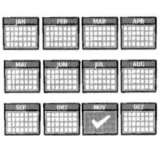

十一月
....
n0v3mb3r

十二月
....
d3c3mb3r

5h4p35

圓形
....
c1rcl3

正方形
....
5qu4r3

長方形
....
r3c74n6l3

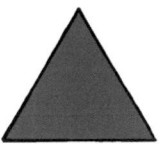

三角形
....
7r14n6l3

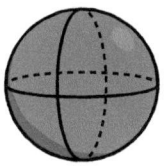

球體
....
5ph3r3

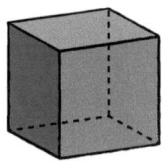

立方體
....
cub3

白

wh173

黃

y3ll0w

橙

0r4n63

粉

p1nk

紅

r3d

紫

purpl3

藍

blu3

綠

6r33n

棕

br0wn

灰

6r4y

黑

bl4ck

很多/少許

4 l07 / 4 l177l3

生氣/平靜

4n6ry / c4lm

美/醜

b34u71ful / u6ly

首/尾

b361nn1n6 / 3nd

大/小

b16 / 5m4ll

明/暗

br16h7 / d4rk

兄弟/姐妹

br07h3r / 51573r

乾淨/骯髒

cl34n / d1r7y

完整/缺失

c0mpl373 / 1nc0mpl373

白天/晚上

d4y. / n16h7

死/生

d34d / 4l1v3

寬/窄

w1d3 / n4rr0w

可食用/非食用

3d1bl3 / 1n3d1bl3

邪惡/善良

3v1l / k1nd

興奮/無聊

3xc173d / b0r3d

胖/瘦

f47 / 7h1n

第一/最後

f1r57 / l457

朋友/敵人

fr13nd / 3n3my

滿/空

full / 3mp7y

硬/軟

h4rd / 50f7

重/輕

h34vy / l16h7

餓/渴

hun63r / 7h1r57

生病/健康

1ll / h34l7hy

非法/合法

1ll364l / l364l

聰明/愚笨

1n73ll163n7 / 57up1d

左/右

l3f7 / r16h7

近/遠

n34r / f4r

新/舊

n3w / u53d

沒有/有些

n07h1n6 / 50m37h1n6

老/幼

0ld / y0un6

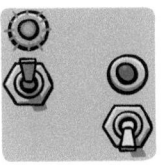

開/關

0n / 0ff

打開/闔上

0p3n / cl053d

安靜/吵鬧

qu137 / l0ud

富/窮

r1ch / p00r

對/錯

r16h7 / wr0n6

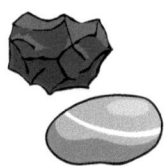

粗糙/光滑

r0u6h / 5m007h

傷心/高興

54d / h4ppy

短/長

5h0r7 / l0n6

慢/快

5l0w / f457

濕/乾

w37 / dry

溫暖/涼爽

w4rm / c00l

戰爭/和平

w4r / p34c3

零

z3r0

1

一

0n3

2

二

7w0

3

三

7hr33

四

f0ur

5

五

f1v3

6

六

51x

7

七

53v3n

8

八

316h7

九

n1n3

10

十

73n

11

十一

3l3v3n

12

十二
....
7w3lv3

13

十三
....
7h1r733n

14

十四
....
f0ur733n

15

十五
....
f1f733n

16

十六
....
51x733n

17

十七
....
53v3n733n

18

十八
....
316h733n

19

十九
....
n1n3733n

20

二十
....
7w3n7y

100

百
....
hundr3d

1.000

千
....
7h0u54nd

1.000.000

百萬
....
m1ll10n

英語

3n6l15h

美式英語

4m3r1c4n 3n6l15h

普通話

ch1n353 m4nd4r1n

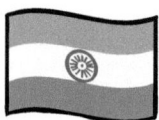

印地語

h1nd1

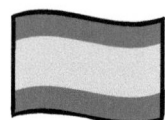

西班牙語

5p4n15h

法語

fr3nch

阿拉伯語

4r4b1c

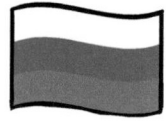

俄語

ru5514n

葡萄牙語

p0r7u6u353

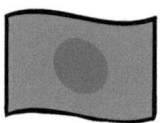

孟加拉語

b3n64l1

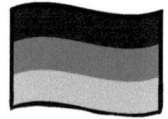

德語

63rm4n

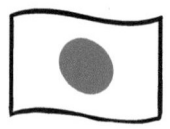

日語

j4p4n353

我

1

你

y0u

他/她/它

h3 / 5h3 / 17

我們

w3

你們

y0u

他們

7h3y

誰？

wh0?

什麼？

wh47?

如何？

h0w?

何處？

wh3r3?

何時？

wh3n?

名字

n4m3

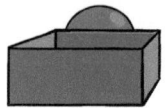

後面

b3h1nd

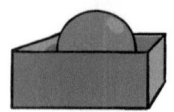

裡面

1n

前面

1n fr0n7 0f

上方

0v3r

上面

0n

下麵

und3r

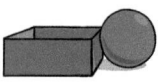

旁邊

b351d3

中間

b37w33n

地點

pl4c3